Angelika Fürthauer

Meine guatn Seitn
Zeitgenössische Mundart

ISBN: 3-901838-64-3

© by Angelika Fürthauer, Steinbach am Attersee
www.bayerverlag.at
Alle Rechte vorbehalten

5. Auflage 2011

Angelika Fürthauer

Illustrationen von
Bernhard Reider, Schwanenstadt

www.bayerverlag.at

Meine guatn Seitn

Da lieg ih aufg' schlagn jetzt vor euch:
Net dick und doch recht umfangreich!

Wann ih mih vorstelln derf: Ih bin
das jüngste Kind der Schreiberin
und wett', ih werd nets'letzte bleibn,
denn wia sie Zeit hat, siagt man's schreibn!

Ih hab, um was mi oill beneiden.
Von vorn bis hint nur guate Seitn
und trotzdem, was mein Ruf net schadt:
Ih bin koa unbeschriebnes Blatt!

Nehmt's zu dem Vorwort oans nu wahr:

Ih wünsch mir, daß mei Leserschar
die guatn Seitn kriagt von mir!
(Und wär´n sie auch nur am Papier.)

Weggedichtet

Seit es sich umeinanderspricht
daß ih für mei Lebn gern dicht
kimmt z´nachst a Zeitungsmann auf B´suach
der hat von mir und von mein Buach
was in sein Wochenblattl g´schriebn..

Vorm Haus is er lang sitzenbliebn,
hat g´schaut und sagt dann nach an Neicht:

In so a schönen Gegend is leicht!
Hinterm Haus der ganze See,
vorm Haus is a so sche,
s´Höllengebirg´ und soviel Wald -
koa Kunst, daß oan da was einfallt!

Wenn da herobn mei Hoamat war,
kunnt ih dös ganz sicher a!

Genau so hat er g´sagt, der Spinner
und hat´s probiert - und doch net kinna.

Wißt´s, was die Zeitung hat berichtet?
Sie hat schon alles weggedichtet!

Gedanken zum Neuen Jahr

Dös alte Jahr, es is verganga,
fallt wia a schwere Tür ins Schloß,
dös Tor ins junge Jahr steht offen
und gibt uns olln an sanften Stoß.

Schau´n ma hoffnungsfroh in d´Zukunft?
Tret´ma angstvoll über d´Schwelln?
S´Lebn is, wia ma´s selber nehman,
wia´s kimmt, mia kinnan´s uns net wähln.

Dös alte Weltbild is erloschn
is zerbröckelt und zerfalln,
lebt nur in dicke Büacha weiter
in Daten, Fakten und in Zahln.

Wia a Greis mit leere Taschn
hats sein Schriatt in d´Nacht ei´glenkt,
hat so manchem s´Liabste gnumma
und an andern reich beschenkt.

Und derweil ma´s Neiche grüaßn,
s´Geld verblitzn zu dö Stern -
hoff ma, daß aufhörn mit eahn Schiaßn
und aus dö Waffen Pfluagscharn werdn.

Dös alte Jahr - es is verganga
dös junge hat uns scho was bracht:
Ob´s uns zwida oder recht is -
Es hat uns a Jahr älter gmacht!

Ewige Fragen

Woher ma sand -
wohin ma gehn -
zum Leben nach dem Tode stehn -
dös sand ois Fragn, die uns druckn.

Fliagn dö kloan Kinder mit dö Muckn?
Oder werdn nach´m Sterben mia
weiterlebn in an Tier?
Wann fangt da Rest des Lebens an?

Nur oan gibt´s, der ois wissn kann.
Er, der uns einst vor Augen führt,
daß d´Ewigkeit nia kürzer wird!

Die Tür

Die Tür - sie is Symbol für's Leben
zwischen dem Gestern und dem Heut,
ihr Klinkn, sie is die Verbindung
und da Schlüssel trennt die Zeit.

Sie steht zwischen draußt und drinnen,
baut sich zwischen Freund und Feind,
und is Zeuge, wann die Hoamkehr
langersehntes Glück vereint.

Beim „Willkommen" steht sie offen,
zoagt ihr Mißtraun durch an Spalt
und kann Abschied sein für immer,
wanns amal im Zorn zuafallt.

Wia lebat unsa Welt in Frieden,
kam dö Einsicht net meist z´spat,
daß jede Tür, wanns nu so schwer is -
nur an kloan Schlüssel nötig hat.

Mei Bioträining

Heut gibts ollwei mehra Leut,
die habn zuviel Wohlstand und zweng Zeit -
und ehe die Gelenke rosten,
lassen sie sich´s gern was kosten,
den Sinn des Lebens zu ergründen,
um wieder zu sich selbst zu finden.

Sie absolviern a Biotraining.

Da Bauernstand ghört zu dö wenign,
der dös ois hat vor seiner Tür,
wo andre teuer zahln dafür.

Die Arbeit wird zur wahren Lust,
tuat ma sie hautnah und bewußt
und liegt heute voll im Trend,
weil´s nur drauf ankimmt, wia ma´s nennt!

Aufstehn hoaßt iatzt: „Aktiv Erwachen".
Dynamisch froh die Augn aufmachen -
kurze Meditation
schon geht´s mit Spaß in Kuhsalon.
Dort folgt der Start zum „Aufbaulaufen",
zum „Krafttraining" am Misthaufn,
bis hin zur „Lockerungsgymnastik".

Das Melken. Hab ih früher hastig
mein Eimer gschleppt von Kuah zu Kuah -
dös Ziagn am Busen der Natur -
dös mih einst negativ behaft -
heut hat´s ma Selbstbewußtsein gschafft!

Auch d´Heuarbeit wird Therapie!
„Vital durch Sonnenenergie".
Gebräunt wia im Solarium,
heig ih zamm und kehr ih um
Gräser und Heublumenextrakt
mitn Rechen streng im Biotakt!

Z´Mittag kurz a gsundes Schlaferl,
koan Schokolad´ und koane Wafferl.
Flimmern vor dö Augn scho d´Sterndl,
gibt´s Vitamine und viel Körndl.

Denn der Geist wird gründlich g´reinigt,
nur, wann ma a an Körper peinigt!

„Bio" hoaßt dös Zauberwort.
Macht net nur d´Arbeit zu an Sport,
es macht a mih mit Haut und Haar
einst „biologisch" abbaubar!"

Tourismus - Fremdenverkehr

Experten meiden ollwei mehr
dös alte Wort „Fremdenverkehr".
Sie behaupten, nia und nimmer
kann der Begriff für heut nu stimma,
weil auch „echte" Fremde kemman
die net bei uns Urlaub nehman.
Kunnt sei, es kostat uns an Kopf -
schmeißat ma´s olle in oan Topf!

Der Urlauber, der is net fremd
und s´Wort „Verkehr" wirkt unverschämt -
drum hat ma´s im ganzen Land
in „Tourismus" umbenannt.

Mia is oading, wia s´ös benennen,
wia´s Fremde und Touristen trennen.
Der in mei Haus kimmt und da rast -
is und bleibt für mih a Gast!

Osterbräuche

D´Lini Tant´, dös sag ih euch,
dö halt nu was auf d´Osterbräuch.

Sie steckt die Palmbuschn, die g´weihtn
pünktlich vorm zwölfe - Läutn,
ois Greazeug, was sie sunst net mag -
ißt´s brav am grünen Donnerstag,
Karfreitag dann, bis Mitternacht,
tuat´s fastn, bis da Magn kracht,
und am Karsamstag wird ihr leicht,
da geht sie zu da Osterbeicht´.

Und kemman d´Ratschabuam zu ihr,
so sagn´s, was toan ma denn bei dir?

Du tuast ja selber s´ganz Jahr ratschn!
Und kriagn statt g´farbte Oa - a Watschn!

Urbi et orbi

Am Ostersonntag vorigs Jahr,
wia ih mitn Kocha fertig war,
hol´ih die ganz´Familie zsamm,
zum Mittagstisch, fürs Festtagslamm.

Ih hudl recht beim Essn machn,
da grüßt da Papst in fünfzehn Sprachn
als Oberhirt sein Herdenstamm.
Mir lauft s´Wasser im Mund scho z´samm,
wia´s im Knödelhäfn siad
und bis am Petersplatz ois kniat -
is s´Lampö in da Pfann verbrennt.
Dann wird da Ostersegen g´spendt.

D´Suppn is kalt und s´Eis is warm,
am Schlagobers zerinnt da Foam -
und s´Fleisch is längst scho nimma hoaß.
Aber a g´segnete Mahlzeit war´s!

Schad um d´Sach und um an Strom.
Nächst´s Jahr fahrn ma gleich nach Rom!

Zum Kuckuck holn

Im Früahling hab ih olle Tag
a paar Schilling im Kittlsack,
denn dann hat ma, so sagn d´Leut -
wann da Kuckuck s´erst ´Mal schreit -
ollwei a Geld, dös ganze Jahr.
Und dös glaub ih, dös is wahr.

Und weil ih ma da sicher bin
kauf ih mir glei a Waschmaschin´
und nu so Kloanigkeiten mehr ......

Da besuacht mih doch a Herr,
sagt, er war vom Finanzamt g´schickt
und hat an Kuckuck auffibickt!

Wann a nu s´Bildl auffikimmt,
hat doch die alte Weisheit g´stimmt.

Was da wohl vom Finanzamt wolln?
Soll´s doch oill da Kuckuck holn!

Das Blumenzwiegespräch

A stolze Pelargonie
schaut vom Balkon, ganz von da Höh
oba auf´s Bleamal in da Leitn.
Und so viel gern tuat´s a weng streitn ....

Ihr z´nichtign Dinga, ihr, da untn!
Da hat d´Natur nix G´scheits erfundn,
denn wann a Wanderer euch entdeckt
und dahoam in d´Vasn steckt,
laßt´s eh glei eure Köpferl hänga
und lebt´s drei Tag grad und net länga.

Und sunst werd´s halt a Schüpperl Heu
und mit da Anmut i´s vorbei!

Mia lassn uns herobn bedienen
und kriagn als Schönheitsköniginnen
für insa Blütenpracht an Preis.

Da tuat eahm´s Wiesnbleamal z´fleiß´
und sagt: „Ihr hochnäsigen G´schöpfe
in eure nassen Blumentöpfe!"
Ih bin vom lieben Gott erdacht,
euch habn´s im Treibhaus zücht´ und g´macht.
Braucht´s jeden Tag an Schuß Substral,
mih nährt der Tau, der Sonnenstrahl
und erst die Bienen, die mih küssn,
wo ih zum Honig werd, zum süssn.

Ös werd´s von da Hausfrau g´rupft,
oll Tag ab´glaust und fest zupft
habt´s netta s´Geld und d'Arbeit kost´,
wanns dürr werd´s, landt´s auf´m Kompost!

Mei Stammplatz, is in Mutter Erdn -
um im Früahling g´weckt zu werdn.

Und so hat er g´endt, da Streit.
Is net grad wia bei dö Leut?

Dö sö so auftakeln und ranzn,
geht´s eah net a wia züchte Pflanzn,
denen d´Schönheit schnell vergeht?

Dö andern brauchan dös ois net.
Net angebn und vorm Spiagl steh,
weil dö san von Natur aus sche!

Mai

Sag, was is da Mai für oana,
daß ma´n 1000mal besingt,
daß er s´Blau vom Himmel holn kann
und ma drinnan fast datrinkt?

Mai, is wia a neicher Anfang
den ma jedes Jahr entdeckt,
und nu mit verbundne Augen
g´spürn und greifn kann und schmeckt.

Mai, dös san drei kloane Buachstabn,
oft wird er zu an Gedicht
und für zwoa, die was´n findn
zu a ganz a langer 'Gschicht.

Mai, dös is wia ewig Jungsein,
das dem Lebn dö Schwere nimmt,
und is wehmüatigs Erinnern
wann da Herbst des Lebens kimmt.

Mir is er a da liabste Monat,
netta oans wundert mih scho,
warum fangt a Wonnemonat
grad mitn Tag der Arbeit an?

Zurück zur Natur

Bis heut hamma glebt,
wia´s uns paßt und beliebt,
a so, daß nach obn koane Grenzen mehr gibt.
Iatzt hoaßts bremsen und sparn,
und mia wissn net wia.
Solln die andern anfanga,
aber ja net bei mir.

Mia hörn vom Ozonloch,
und spritzen und sprühn,
seufzn über Mülltonnen,
die ma selber anfülln,
wolln über´n Verkehr
und seine Abgase klagn
und bstelln oll zwoa Jahr
an nu schnelleren Wagn.
Mancher jammert, daß oa Haus
ums andre baut wird
und auch er hat verkauft
und sein Grund parzelliert!
Versteht was vom Stromsparn,
Energie aus der Kraft -
obwohl er beim laufenden Fernseher schlaft!

Wissn tats jeder,
daß er umdenken muaß,
und mecht zurück zur Natur.
Aber net z´Fuaß!

Der Umweltpreis

Die Welt braucht, seit sie krank is wordn,
a b´sonders schonendes Verfahrn
und für Ideen und deren Fleiß
vergibt da Staat an Umweltpreis.

Mir war da a guat´s Konzept,
a „abbaubares" vorgeschwebt.

Wann ma die Welt erhalten wolln,
muaß sie sich von dö Leut erholn
und um sie sinnvoll zu entlasten,
legn ma uns oill ins Bett und fasten!

Weil auch d´Politiker gern schlafn,
werdn´s uns den ersten Preis verschaffn!

Alles Gute kommt von oben

Die Bäuerin sitzt auf d´Nacht a weng
nach´m Feierabend auf da Bänk´
unterm Zwetschkenbam vorm Haus.
Loant sich z´ruck und rast sich aus.

Da schmatzt a Schwalberl ihr am Kopf,
mittn oba, grad am Schopf.

Dös Batzerl bringt´s net aus da Ruah,
sie dankt der Weisheit der Natur
wia´s wischt und richt´ sich wieder zamm:

Guat, daß die Küah net Flügel habn!

Die Duftwolke

Jeder kennt den alten Spruch:
„An Menschen kennt ma an sein G´ruch".

Ja, der war damals mehr wia heut
a Ausdruck von Persönlichkeit!

Früher habn´s gschmeckt nach Kautabak,
nach an Rausch vom vorign Tag,
nach Schuachschmier, Krapfenschmalz und Roß.

Dös is vorbei. Heut riacht ma bloß
und kann sich sein Duft nach Noten holn,
vom Scheitel abi bis zur Sohln.

Denn wer sicher sein will, jung und frei,
hat überall sein Spray dabei.

Mit Mundspray aus Menthol, Melissn,
kannst küssen ohne schlechtes G´wissn,
gegn Achselschweiß gibts Südseeträume,
Maracuja, Mandelbäume,
beim Genuß von Kraut und Bohnen
die Wilde Frische von Limonen
und schwitzen d´Füaß, so muaß man´s sprühn
mit Fichtennadeln und Kamilln.

Suacht wer an Partner, findt sich koan,
an Druck auf´s Knöpferl, kriagt er oan
und iatzt sagt´s ja net, daß ih liag´,
wo ih´s oill Tag im Fernsehn siag!

Koa Luftgrenzwert kann uns erschüttern,
weil ma nur Wohlgerüche wittern,
und weit und broat neamd zum entdecka,
wo ma sagn kunnt: Den kann ih net schmecka!

Da Wilddiebstahl

Als Jaga muaßt heut fast verzagn
moant da Toni, was sollst jagn?

Die paar Hasn, was ma habn
führn uns nu d´Autofahrer z´samm
und bringans hoam im Kofferraum.

Ih müassat liagn, sagt drauf sei Bua,
fesche Hasn gibt´s grad gnua!
Ih hab oft scho auf da Straßn
welche g´segn und mitfahrn lassn
und mit hoam gnumma ins Haus.
In da Früah, da laß ih´s aus....

Iatzt sag ma´s, Vater, fallt der Fall,
a scho unter Wilddiebstahl?

Da Wilddiebstahl

Da Herbst

Kimmt da Herbst, denkt ma dabei
auf´s Wandern und auf d´Jagerei,
auf´s bunte Lauba, d´Nebelzeit
und kurze Tag voll Traurigkeit.
Und doch kemman viel net zum roatn,
weil d´Herbstarbeit, die kann net wartn.

Mostpressn und Moasch einrühm,
Powidl kocha, Zwetschken dörrn,
Äpfel zsammklaubn ohne Wurm,
Runkeln, Radi, Rohna, Ruabn
abhabn und in Sand einschlagn,
Sitzbänkan in Keller tragn,
Almvieh in Winterstall einstelln,
Bam kalkn, daß d´Böck net schäln,
Erdäpfelklaubn aufm Acker,
Sau abstecha, Fleisch einhacka,
Kraut eintretn, Mist ausbroatn,
umstecha vom Gemüsegartn,
Lauba heign und Strah hoamführn,
d´Stiefel und die Pelzschuah schmiern,
Blumen aussatoa vom Kistl,
Tannenzweigerl holn und Mistl,
Brennholz aufrichtn am Zoa,
Winterfenster auffitoa,
zum Maschintanz Krapfn bacha,
mitn Verein an Ausflug macha,
und was ih am liabstn mag:
Geld einlegn am Weltspartag!

So guat san dö Tag, dö eilign,
ausg´füllt bis auf Allerheilign!
Ih wünschat ma, es schneibt bald zua,
dann hätt ih endlich a mei Ruah!

Tierisch

A Frau, die sich gern modisch tragt,
woaß, heuer is „tierisch" g´fragt.

Raubkatzenstoff als winzign Mini,
Tigermuster als Bikini,
Kamelhaar oder weiches Lama
als Schlafmantel oder Pyjama,
Gürtel und Schuah aus Klapperschlang´
und Elefantenzähn´ als Halsbehang.

Und in der rechten Hand, da halt
ma dann an Esel, der ois zahlt!

Tierisch

Gasthaus zum ....

Schaut ma sich im Landl um
siagt ma Schilder: Gasthaus zum
Ochsen, Hirschen und zum Lamm
und auf dös reim´ ih mir was zamm....

An dem, wia d´Manna sich benehman
wanns vom Wirtshaus aussakemman
woaß a Frau dös ganze Jahr
in was für oan daß er grad war.

Wann oana scho am Hoamweg röhrt,
daß´ da Nachbar a nu hört,
er kaum sei Haupt durch d´Haustür bringt,
mit oan Satz ins Bett ei´springt
und will sich nu bei ihr anpirschn -
war er g´wiß beim Wirt zum Hirschn!

Kimmt er hoam ganz faul im Trott,
hört auf Wüha und auf Hott
schleppt sich ins Haus mit letzter Kraft
daß er fast im Stehn einschlaft
und sie muaß ihn ins Bett ei´boxn -
wo war er wohl? Beim Wirt zum Ochsn!

Und manchesmal, da triafft er ei
als kunnt er nimmer zähln bis drei
am Hirn, da draht´s eahm d´Lockerl zamm,
dös is da Rausch vom Wirt zum Lamm!

So Viechereien, sam ma ehrlich,
werdn da Ehefrau net g´fährlich.

Doch was ih heut siag! Guate Nacht!
Da hat a neicha Wirt aufg´macht
bei uns im Dorf. Ih renn davon!
Er hoaßt: „Gasthaus zum Wilden Mann!"

D´Musi spielt im Wirtshaus druntn

D´Musi spielt im Wirtshaus druntn,
Dirndln san oll fesch beinand,
oba oane, so a kloane,
hätt bei mir an Stand.

Warum soll ih mir´s weng oana,
Bei dö andern oill vertoa,
soll derweil a Stückerl wachsn,
bleibt scho net alloa.

Is a Musi da zum Tanzn,
fehlt ma gar nix, Gott sei Dank,
häng ih´s s´Sunntagsgwandl dauni
bih ih sicher krank.

Der dritte Mann

D´Musi hat ihr Wunschkonzert.

Da wird ois g´spielt, was ma gern hört
und was g´wünscht wird, hat´s ois kinna.
Sei´s der Marsch der Florentiner,
sei´s dö leichte Kavallerie
oder a Stimmungspotpourri.

Da kimmt a älters Weiberl an
und sagt: Ih mecht den „Dritten Mann"!

Da Kapellmeister wird weiß
und moant: Dö hat an schen Verschleiß!

Heut sing ih dir a Liadl für

Heut sing ih dir
a Liadl für
und wanns da g´fallt,
dann sagst ma´s halt,
a Liadl macht zu jeder Zeit
olle Leut a Freud.

Es is von mir
und paßt zu dir
weil ma a Gmüat
da aussagspürt,
und wann ih' net bei dir sei kann
hör ih´s ollwei an.

Wer singa mag
und olle Tag
scho in da Fruah
oans pfeift dazua,
für den is olles Sang und Klang
s´ganze Lebn lang.

(vertont)

s`Musikantnlebn

A Musikant sei is viel mehr
als Taktgefühl habn und Musighör,
es is was, wia jahraus, jahrein
mitn Instrument verheirat sei.

Besser, wia mit da eignen Frau -
weil er s´Mundstück wegtoa kann
und nimmt er´s ausn Etui
greift er´s scho zarter an wia sie!

Kann mit piano oder forte
Gefühle zoagn auch ohne Worte.

A Musikant is nia dahoam,
bald is a Hochzat, is wer g´storbn,
wird was eing´weiht, is a Standl -
es kühlt nia aus, sei Musigwandl.

Was sagt ma da als Weiberleit?
Lass ma eahna doch die Freud!
Sie san ja eh net zum beneidn -
mit eahn „chronischen Blasenleidn"!

Echte Fotografie

Laßt ma sich fotografiern -
halt ma ganz still, derf sih net rührn,
sorgt sih, ob ma richtig sitzt
wanns Vogerl aussakimmt, wann´s blitzt,
laßt s´Scheinwerferliacht abigleitn
an seiner Schokoladenseitn
und schaut an Fotografn an.
Hofft, daß er Wunder wirkn kann.

Mancher macht a G´sicht so wild
als g´hörats für a Fahndungsbild,
Brautpaare schaun am Hochzeitsfoto
als hättn´s a Million im Lotto,
aber werdns a Jahr drauf g´schiedn,
wird s´Bildl ausananderschnittn!

Ja, jeder der a Bildl mecht
legt Wert, daß hintn draufsteht: Echt!
Weil dann is ma meistens weit
schöner als in Wirklichkeit.

In jedem Fall is aber z´hoffen,
daß d´Leut, die´s anschaun, sagn:
Guat troffn!

Echte Fotografie

Ballett

Da hiesige Gemeinderat
is von a deutschen Partnerstadt
eingladn wordn auf an B´suach.

Sie tragn sö ein ins goldne Buach
und als Höhepunkt, da steht
a Aufführung vom Staatsballett.

An Fraktionsführer, an Hans,
der leider nix versteht vom Tanz
bringan die Elfen aus´n Häusl,
denn drahn toan sie sich wia a Kreisl.
Er schaut eah nach als wia a Narr,
weil er in koan Ballett nia war.

Zwoa Stund trippeln´s am Zehenspitzel!
Dös reicht eahm und er kriagt an Kitzl
und sagt laut: Es wird bald Zeit,
es nehmt´s enk größere Weiberleut!

Glänzende Aussichten

Ih hab im Kasten bei mein G´wand,
in a Schatulln mein Schmuck beinand.

Net Kronjuweln wia manche Leut´ -
aber für mih a Kostbarkeit.

A Kropfkettn von meiner Ahnl,
Ohrringerl mit echte Grandl,
A Broschnadel vom ersten Freund,
d´Firmuhr, die nu geht bis heunt,
an Armreif, den ih eh nia trag
vom Glückspackl, im Kiritag
und a Ringerl, schmal und kloa
mit an winzign, rotn Stoa.

Jedsmal, wann ih d´Schatulln aufmach´
rennt ma scho mei Kloane nach
und hängat sich am liabstn ois
was glanzt und glitzert, um an Hals.

Gelt! Sag ih - wann was is mit mir -
dann ghört dös ganze Schachterl dir!

Mama! moants, dann ghört ois mei?
wannst du stirbst. Und - wann wird dös sei?

Die neue Sprach´

In letzter Zeit gibt´s Augenblicke
da brauchat ih für Kraftausdrücke
vom Frl. Tochter und Herrn Sohn
scho bald a eignes Lexikon!

Wahnsinn, super, steil und Spitze!
San meist die oanzign Geistesblitze.
Sag ih: Kinder, mögt´s a Gschicht!
Sagn´s: Du bist wohl net ganz dicht!
Ermahn ih´s auf die feine Weise -
hoaßt´s: Du hast vielleicht a Meise!
und dö Kloa sagt zu da Oma
am Tag zehnmal: Schluß, aus, komma!

Ih tröst mih halt. Der neiche Splee
wird wia als andere a vergeh.

Und weil ih eah net bös sei könnt,
kriag ih mei schönstes Kompliment.

Mama, du bist irr, du machst uns an,
für uns bist echt a steiler Zahn!

Da Spitzbua

Die Lehrerin schreibt in da Schul´
ins Schreibheftl vom Dirndl: pfui!
Du mußt dir deinen Bleistift spitzen,
sonst schreibst du schlampig und bleibst sitzen!

Ja, s´Dirndl hat net schöner g´schriebn
und is a gar net sitzenbliebn,
denn wia dö Schulzeit endlich umma -
hat es sich an Spitzbuam gnumma!

Himmlische Lieferung

Da Herr Pfarrer fragt in Religion
den Franzi: Nun, so sag mein Sohn -
warum bitten wir den lieben Gott
wohl jeden Tag um´s täglich Brot?

Mei, sagt da Bua, a leichte Frag!
Weil s´Brot frisch sei soll oill Tag!

Kindergedanken zum Muttertag

Wann i morgn am Muttertag
da Mama sag, wia sehr i´s mag
moan i dös von Herzen ehrlich
aber der Tag is a beschwerlich.

I muaß ihr an Tisch sche decka,
derf net an ihrer Tortn schlecka
net streitn, herrama und schrei,
kunnt net der Tag scho umma sei!

Da Papa sagt, morgn hast as sche,
derfst ins Wirtshaus essn geh!
Müassat er amal was kocha,
war uns schlecht a ganze Wocha!

Dös ganze Jahr muaß d´Mama renna.
Am Muttertag darf ma´s verwöhna!
den ganzen Tag, dös tuat ihr guat,
da segn ma erst, was sie ois tuat!

Morgen - da versprich i ihr,
daß i so brav bin wia nu nia,
Ehrenwort - dös is ganz klar.
W e n i g s t e n s oan Tag im Jahr!

Sichtbares Zeichen

Da Michal von da zweiten Klass´
is in da Schul net grad a As,
dabei war er im Kopf recht hell.
Nur s´Großwerdn geht eahm weit zweng schnell.

Er lafft zur Muatta, sagt: Woaßt was?
Daß ih mir jetzt an Bart steh laß!

Alle Manner schaun mit Bart
g´scheit und tapfer aus und hart,
dös siag ih scho bei meine Lehrern,
weil die habn a an Bart, dö mehran.

Mei, Bua, sagt d'Muatta, mit an Bart,
bleibt dir vielleicht s´Waschn daspart,
g´scheit macht er net, dös woaß ih besser,
sunst war mei Goaßbock längst Professor!

Wo nimm ih glei a Dirndl her

Wo nimm ih glei a Dirndl her
ih moa, ih habs verlorn,
verflixt, iatzt geht die Suacharei
scho wieder an von vorn.

Kam´s später amal z´ruck zu mir
und tat ma wieder sche,
ih lachat´s an und sagat nur,
mia kunnts net besser geh.

Ma kann so toa, als wann nix war
und schnell a andre kriagn,
grad einwendig wirds nimma so,
weil´s Herz, dös kann net liagn.

LIEBE
HIMMLISCH-BODENSTÄNDIG

Der fünfte Knopf

S´Dirndl is erste Mal verliabt,
weil´s da an Buam gibt, der´s umwirbt.

Sie hat zwoa schene, blonde Zöpf
und zählt ollwei die Blusenknöpf.

Er liebt mich - er liebt mich nicht -
er liebt mich - er liebt mich nicht -
ollwei geht´s schlecht aus, dö G´schicht.

Und daß sie sich zum Guatn draht -
hat´s hoamlich nu an Knopf ang´naht!

Witterungsbedingte Behinderungen

Gelt, Franzl, sagt dös Reserl, siagst!
Iatzt woaß ih wenigstens, wias´d liagst!
Versprichst ma scho seit vorigm Jahr -
im Summa heirat´ ma, mia zwoa.

Mei, Reserl, sagt er, is scho umma!
War heuer überhaupt a Summa?

Liebe rustikal

Er hat koa Reitpferd, er hat Küah,
statt Champagner trinkt er Bier,
statt joggen maht er s´Fuattagras,
statt Tennis spielt er ersten Bass,
fahrt statt an Porsche sein VW,
er brockt sich´s Semmerl in Kaffee,
statt Turnschuah mag er Gummistiefel,
statt Austern Essigwurst mit Zwiebel
und kauft i h r statt an Blumenstrauß
drei G´schirrtüachln im Lagerhaus.

Sagt statt „pardon" nur sapperlott,
und statt „zum Wohle" helf dir Gott!

Gar nia sagt er „ich liebe dich"
und solche neumoderne Sprüch.

Der Fall is durch und durch normal,
nur is halt „Liebe rustikal"!

Liebe rustikal

Die Märchenhochzeit

Da Traum von jedem Liebespärchen
is a Hochzeit wia im Märchen.

Die Braut - a Fee aus Tüll und Seidn,
an Mann, um den sie oill beneiden
fahrt in a Kutschn mit zwoa Schimmel
zur Kircha unterm blauen Himmel.

A Hauch von J a - a Blumenregn
begleit´ mit reichem Kindersegen
nimmt ois a rauschend´s Happy End,
wann er sie auf beide Händ
in seinem trauten Heim danach
einitragt ins Schlafgemach.

S o l c h e - die scho verheirat´ san,
wissn: - Dös gibt´s nur im Roman,
weil net amal a Traumhochzeit
verschont bleibt von da Wirklichkeit:

Die Braut hat Kopfweh und is müad,
weil stundenlang scho g´schossn wird,
schüttn tuats wia aus a Kanne -
er hat vom Poltern nu a Fahne -
was jeder merkt, weil´s eahm net g´lingt
daß er ihrn Ring am Finger bringt.

Beim Mahl is a die Lage g´spannt,
sie kriagt koa Luft im Hochzeitsgwand,
bei jedem Schnaufer spannt´s um d´Mitt -
denn was neamd woaß, sans bald zu dritt!

Und obndrei habns, dös segns beim Essn
auf d´Tant zum einladn vergessn!

Kaum daß sie sich vom Schreck erholn,
wird eahm a gleich die Braut nu g´stohln
zu an Wirt, wo sö nix rührt
und drei Stund brauchts, bis ausg´löst wird.

So geht´s beschwingt an Abend zua.
Oill zwoa zwickan dö neichn Schuah,
da Walzer kimmt fürs Hochzeitspaar
und guat hoaßts - passn´s zamm dö zwoa,
wia er, der überhaupt nia tanzt,
ihrn Schleier abitret´und z´franst!

Und endlich werdns zum Haus hoambracht
und ois wünscht eah a guate Nacht.

„Den ganzn Tag hab ih mi heut
auf Dih und s´neiche Zimmer g´freut"
sagt die Braut zum Bräutigam.

Hängt s´Ehebett am Öpfibam.
Auf Tuchent, Polster und Matratzen
liegt scho da Kater mit dö Katzen
und d´Nachtkastl stehn a danebn.

S´war doch da schenste Tag im Lebn!
Es bleibt eah a nix anders über.
Und langsam wartn´s auf die „Silber"!

Zum Festtag

Is koa Tag wia jeder andre,
tragt die Welt ihr Sonntagsg´wand,
zoagt sö von da schensten Seitn,
liegt a Friedn überm Land.

Für a Weil´ die Sorgn vergessen,
is für´n G´sund von Leib und Seel´
lauft für den, der´s kann ermessen
s´Rad der Zeit glei halb so schnell.

Schlagt die Uhr nur frohe Stunden
wia dös Herz im jungen Mai,
is da Sinn dös Lebens g´fundn
kann oill Tag a Festtag sei.

Glück

A Glück habn - dös wünscht sich a jeder
und brauchts a - früher oder später
nur zwinga kann mans net, sei Glück.

Manchmal kimmts nur an Augenblick
und is a losglöster Moment,
der nach obn koa Grenz mehr kennt.

Wo ois in Seligkeit verschwimmt
weils auf oanmal, ganz grundlos kimmt
ma nix derwart hat und o i s kriagt,
und s´Herz dem Leben vorausfliagt,
wia in a unbekannte Zeit
zur völligen Glückseligkeit.

Ma kanns net leihn - aus zweiter Hand
denn s'Glück, dös is a Seelenzuastand
is Erfüllung von dem olln
was ma im tiafsten Herzen wolln.

Gar oft sagt oana: Glücklich bin
ih erst mit an Millioneng´winn.
D e m hat s´Glück sei Lebn lang g´fehlt,
weil´s nix z´tuan hat mit´n Geld.

Glück zu habn - und dran zu glaubn,
kann a dö Zukunft uns net raubn.

Weil´s ganz was Seltenes an sich hat
und dös is wohl dö größte Gnad:
Dös, daß ih`s Glück verschenka kann -
ohne daß ih`s selber han!

Gedanken zur Erstkommunion

Weiße Kloadl, seiderne Bandl
und dö Buam im feschn Gwandl -
a großer Festtag is fürwahr.
Unsre Kinder beim Altar.

Net ohne Wehmut schau´n ma z´rück
und habn dös G´fühl, a ganz kloans Stück
is nur, vom ersten Schrei bis heut.
So schnell verrennt die Kinderzeit.

Heut is dös Lebn a Fest. Doch morgn
werdn unsre Wünsche, unsre Sorgn
das Lebn von diesen Kindern prägn.
Werdn sie dann mit Gottessegen
auch tapfer meistern, so wia´s kimmt
mit olln, was eah vorausbestimmt?

M i r müassn´s lehrn, die Händ´ zu faltn
und s´heutige Versprechen z´haltn,
daß draußt im Lebn dös Rechte tan.
Wann mia nimma bei eah san .....

Gedanken zur „grenzenlosen" Freiheit

IM OSTEN IS A STERN AUFGANGA

Im Osten is a Stern aufganga,
wia a Wunda, über d´Nacht,
hat a neiche Zeit angfanga
und an Stoa ins Rollen bracht.

Grenzen falln und Mauern brechen
a Faust wird zu a offnen Hand,
Opfer kinnan Berg versetzen
für a eignes freies Land.

Gfühl zoagn derfn, den Gedanken
niemehr ihre Freiheit raubn,
nimma Knecht sei, sondern Bruada,
nimma peinigt werdn fürn Glaubn.

Mit neuem Muat olls z'ruckerobern
was dö Sichl hat entfernt,
schaun, und traun und hoffn derfn,
habn mir net manches fast verlernt?

Die Herbergsuach im goldnen Westen
gibt a uns an sanften Stoß,
die Freud, die koane Grenzen kennt -
is sie bei uns auch grenzenlos?

Hoff ma auf dös zweit´ Jahrtausend,
daß dös Wort Erfüllung findt:
Friede den Menschen auf der Erde
denan, die guten Willens sind .....

Für einen Geburtstag

Das Lebensbacherl

Seit da Welt und ihrn Besteh
is ois a Kemma und a Geh
und wia älter, daß ma wird
is oan bewußt. Weil ma verspürt
daß ollwei schneller d'Zeit verstreicht
und unser Lebn an Bacherl gleicht.

Ma wird geborn und an der Schwelln
is Lebn wia a kloane Quelln
dö rein und klar nu aussagluckst -
a wengal hilflos, net viel muckst.

A bissal später rennats scho
am liaban ganz alloa davon
mecht d´Wurzeln ausschwoabn von an Bam
doch s´große Bett halt´s fest im Zaum.

Da kemman d´Jugendjahr daher,
es sprudelt, reißt und stellt sich quer
mecht Stoa aushöhln und bäumt sich auf
gegn alls, was hindert an sein Lauf.

So rauschts zur Lebensmitt´ und ma gspürt
aus wilde Sprüng werdn wieda Schriatt.
Am rechten Weg bleibn is koa Spiel
und s´Ufer is oft gar net s´Ziel.

Net da Mensch is, an dems liegt
wo sei Lebensbacherl versiegt
obs in a Meer von Glück einmündt -
oder vergessen seitwärts rinnt.

Wia lang, daß is, woaß neamd im Lebn.
W i r kinnan eahm nur Inhalt gebn.

Letzte Grüße

In unserm Landl sagt ma pfüat dih,
und sand´s mehr - pfüat Gott beinand,
in da Weanastadt redn´s feiner:
Habe die Ehre - küß die Hand!

Unter Freund´ - da hoaßts oft Servus
oder auch Baba und tschau,
nur die Narrn, die´s ganze Jahr gibt -
kennan als oanzign Gruaß: Hellau!

Von unsre liabn deutschen Nachbarn
sagn die meisten Tschüß, wanns gehn,
dös is in da deutschen Sprache
Wiederschau´n und Wiedersehn.

Was soll ich zu euch jetzt sagn,
dö´s kemma seid´s von überall?
Dankschön für´s Dableibn und für´s Zuahörn.
G´sund bleibn - bis zum nächsten Mal!

Zur Ökonomieratsfeier

Wann heut a Bauer an Doktorhuat kriagt,
zur Ehre für sich und sein Stand,
erfüllt uns dös alle mit Stolz und mit Freud´
drum san ma zum Feiern beinand.

Den Bauern als Vorbild in d´Welt aussitragn,
hoaßt Ökonomierat zu sein,
mit Rat und mit Tat, wia mit Herz und Vestand,
setzt er sich für d´Landwirtschaft ein.

Daß d´Arbeit vom Bauern wieda g´schätzt wird
und g´ehrt,
das Tagwerk mit all seinen Sorgn,
daß wir ihm verdanken das tägliche Brot,
dös wünsch ma uns heut scho für morgn!

Der Urlaub

Der Urlaub is für alle Leut
was wia a fünfte Jahreszeit.
Oanmal aussa aus da Mühl,
ausschlafn, solang ma will,
d´Seele richtig baumeln lassn,
die Körperteile, die sonst blassn
zum Bräunen in die Sonne legn,
den Gaumen und die Liebe pflegen,
an Terminkalender net vermissn,
die Katz dahoam guat aufghobn wissn,
net jeden Schilling umzudrehen
den ganzen Tag d´Familie sehen,
Eis schlecken und Kartn schreibn
Sein Lieblingshobby zu betreiben
koa Telefon hörn und koan Wecker
a Frühstückssemmerl frisch vom Bäcker
tuan und lassn, was ma mag
is jeder Tag a Feiertag.
Liegt da Alltag fern, ganz weit -
dann is die fünfte Jahreszeit!

Festland Österreich

Wer glaubt, daß´s heut als Sommergast
Beschaulichkeit und Ruhe hast,
der irrt. - Denn sie habn auspackt kam,
zoagt eah da Hausherr scho s'Programm.

Heut abend, sagt er zu dö Gäst´
hat d´Feuerwehr ihr Gartenfest,
morgn mittag spielt d´Musikkapelln
beim Kirchawirt, soll ih euch b´stelln,
daß oba da seid´s bis auf d´Nacht!
weil mei Partei a Grillfest macht!

Übermorgn - a Pflichttermin:
Da müaßt´s zum Heimatabend hin
und tags drauf wird´s wohl net wettern,
denn da hoaßt´s zeitig aus dö Federn.
Da Wurzensepp treibt Alt und Jung
bei seiner g´führten Wanderung.
Anschließend wird mit Enzian
beim Hüttenzauber g´feiert dann.

Weiters lädt der Verkehrsverein
euch zur Gästeehrung ein,
da Kurdirektor gibt oan aus,
mit Ehrenwalzer und Blumenstrauß.

Die zweite Wocha kinnts dann nützn
zum Gründungsfest von unsre Schützn.

Mit Trachten- und Oldtimerschau,
mit Wahl der schönsten Urlaubsfrau,
mit Feuerwerk und Karneval,
Sautrogregatta, Seglerball
und zum Abschluß gibt´s an Bauernmarkt.

Habts bis dahin koan Herzinfarkt,
is euch nix z´dumm und a nix z´teuer,
kunnts dös olles schaffn heuer!

S c h l a f e n kinnts dahoam bei euch -
jetzt seid´s im Festland Österreich!

Mei Heimatromantik

Ih les so gern Heimatroman,
weil dö so sche und rührend san,
wann ma a oft gegn an End
beim Lesen gern a G´setzerl flennt....

D´Sennerin, dö fesche Cilli -
kann jodeln von da Buttermilli,
da Jagasbua vom Silberwald
beim Fensterln in an Kuahdreck fallt,
derweil beim Wilderer s´Büchserl kracht
und s´Abendglöckerl läut´auf d´Nacht.
Da Enzian blüaht in da Au
und braune Küah gebn an Kakao.

Z´weng dem und zweng nu viel mehr
kimm ih auf d´Hintermoosalm her.
Und siag glei in mein ersten Schreck:
Da Heubodn - is a Diskothek,
vor lauter Leut´ tuats grad so wimmeln,
auf Tonband hört ma d´Glocken bimmeln,
statt Kasnockn gibts Automaten
für Kaugummi und Ansichtskarten,
Plastikküah und Kasamandl
hängan im Kiosk auf an Bandl
und wia ih d´Sennerin zu mir wink´-
hat´s statt da Milli grad an Drink
und sagt, wia ih sie höflich grüß,
a gar net pfüat dih, sondern tschüß!

Mei Illusion von Almromantik
die is iatzt pfutsch: Ih mach mih grantig
schleunigst wieder auf dö Sockn
und les dahoam „Die Heimatglocken"!

Mozartjahr

Da große Wolfgang Amade´
wann der jetzt aufstünd´, staunat sche.
Weil sich sei Todestag verjährt
und zweihundertmal wiederkehrt,
hat er als Komponist fürwahr
unter da Erd nu a starks Jahr.
Wia a große Mozartkugel
draht sich d'Welt auf sein kloan Buckl.

Aber net nur mit Kugeln, runde
is er heuer in aller Munde.
Was süaß is und verschmilzt am Gaumen
kriagt sein wohlklingenden Namen.
Als Torten, Eis und Palatschinken
als Taler und Likör zum Trinken
in fester Form und in a Flaschen
kann ma´n regelrecht vernaschn.

Touristen ohne Musig´hör
tragn ihn auf da Brust daher,
und Ois, was ma rein optisch zoagt
wird auch akustisch stark vermarkt:

Kuckucksuhr und Werkelmann,
Spielzeug, was ma aufziagn kann,
Türglocken, ois spielt a Stück
aus da" Kleinen Nachtmusik."

Dös Gschäft, dös blüaht, is unterm Strich
für d´Wirtschaft wahrhaft mozärtlich.
Ih wünsch ma, daß er´s übersteht
und net sei "Zauber flöten" geht!

Guten Appetit

Das Frühstück, Mann,
hat schön geschmeckt!
Lobt da Gast, so fein gedeckt
und auf der Butter,
dieses Muster!
Gelt, sagt der Wirt,
da kriagst an Gusta,
dös hab ih selber,
und hat g´lacht -
mit mein Taschenkampl gmacht!

Guten Appetit

Die Kunst am Land

Weil die moderne Kunst am Land
weitgehend nu unbekannt
stellt in an alten Bauernhaus
a Maler seine Bilder aus.

Wo einstmals noch das Hausschwein grunzt,
hängt iatzt die angewandte Kunst,
drum kemman a zur Vernissage
Die Adabei´s im Gänsemarsch.

Um die Bilder is a G´riß,
ma tuat, als wissat ma, was´ is,
denn wia da Schauplatz abnormal
san a d´Gemälde. Surreal
eindeutig und sehr gewagt,
dös machts beim Publikum gefragt.

Wia ih mih a drah und wind´-
ih kunnts net sagn, wo obn und int´,
wo vorn und hint, denn in da Mitt´
moant ma, er hätt d´Farb ausgschütt.

So misch ih mih halt nur zum Schei´n
in d´Schar der hell Entzückten ei´,
sunst moanans gar, am Land, da wohnt
nu a jeder hinterm Mond.

Doch war koa Bild dabei für mih
in da Saustallgalerie.

Dahoam, dann, in da guatn Stubn,
schau ih durch d´Fenster umadum
und betracht´ die Sonnenstrahln,
die draußt grad a neichs Kunstwerk maln.

Da wachst bei mir da Kunstverstand.
Der´s draußt net hat, hängt sich´s an d´Wand.
Und ih? Ziag nur beim Vorhang an
und laß beim Fenster einaschau´n!

Wann´s s´erste Mal schneibalt

Wann´s s´erste Mal schneibalt,
wann´s weiß wird um´s Haus,
steigt da Vota auf d´Hüttn -
holt oba an Schlittn -
und scho geht´s dahin durch´n Schnee in oan
Saus.

Gar bald is scho dumpa,
gar lang is dö Nacht,
woaß d´Muatta nu G´schichtl -
voll Geister und Wichtl -
zum lacha und fürchtn. Hat´s selber erdacht.

Wann´s erste Mal schneibalt,
is d´Weihnacht net weit.
Kanns Christkindl fliagn?
Was werd ih wohl kriagn?
Dös Wartn und Hoffn is alt. Wia dö Zeit ...

Sehnsucht nach da Freud´

Advent hoaßt: Warten, Hoffen, Sehnen,
A Wort, dös viele nimmer kennen,
aber wia habn früher d´Leut -
a ganzes Jahr sich auf was g´freit!

Inzwischen is dö ganze Welt
verdraht und hat am Kopf sich g´stellt.
H e u t hat Advent an andern Nam´.
Es gibt n e t viel, was ma nu net habn -
s´Beste vom Besten is grad guat -
und was ma wolln, kauf´ma sofort!

Wann s´Leben auch jeden Wunsch erfüllt,
bleibt doch in uns was ungestillt
und dös war nia so stark wia heut:
Dös is die Sehnsucht - nach da F r e u d!

s´Himmelbett

Im Schaföstall war s´Kind geborn,
rundum is wieder ruhig wordn -
d´Engerl san längst hoamzua g´flogn,
da Komet hat sein Schwoaf ei´zogn,
und g´schlossn hat sö d´Himmelslucka.
S´Kindl tuat scho d´Augn zuadrucka.
Netta da Josef findt koa Ruah
und kann sich net wundern gnua.

Jahraus, jahrein und mit Bedacht
hat er sei Zimmerhandwerk gmacht.
Da kimmt a Engel und bestellt -
Gottvater schickt a Kind auf d´Welt
und große Wunder werd´n g´schehn,
wia soll a Zimmerer dös verstehn!
Aber bescheiden und ganz still
sagt er, laß g´schehn, so wia Gott will!

Herrgott, dös Wunder is so groß!
Schick ma doch a kleanas bloß
dös ih a begreifn kann.
Derweil er´s denkt, da siagt er´s scho:
s´kloa Wunder is dös Krippal da!
Koa Tuchent, nur a Schipperl Stroh -
drei Nagal und a lära´s Brett -
werd´n in der Nacht zum Himmelbett!

Wia find ih an Weg zum Krippal

Wia find ih an Weg zum Krippal
bin scho wieda hintn dran
steh mit leere Händ beim Kindl
weil ih selber a nix han.

Hab koa Windl und koan Foppa
wias halt tat fürs Weisert ghern,
netta s´pfeifn mit zwoa Finger
kunnt ih eahm, wanns will, scho lehrn.

So is dös in unserm Leben
mit dö echten Gottesgabn.
S´Glück als oanzigs kann ma schenka
ohne daß ma´s selba habn.

Da kloane Stern von Bethlehem

So wia im Himmel laut is wordn,
s´Kind wird in Bethlehem geborn,
mecht jeder der zigtausend Stern
gern Wegweiser zum Christkind werdn.
Und unterm großen Himmelszelt
wird der Morgenstern ausgwählt.

Als erster sagt da Jupiter:
Nimm mich, weil ich berühmt bin, Herr,
weil mich die Menschen alle kennen
und scho deswegn entgegenrennen.

Da Saturn und da Merkur
und nu viel mehr drängan sich vor,
jeder blaht sich auf strahlt,
ob dö Wahl net auf eahm fallt.

A winzigs in da letzten Reih,
sagt leise: I h mechts a gern sei!
Doch koa drandenka, daß die Großen
anlosn oder fürilassn!

Unmöglich, sagns, ma muaß bedenka,
es wird sich in an Bam verhänga
und was will dös kloane Sterndl
mit an Schein wia a Laterndl?

Gottvater hört dös und voll Zorn
holt er den kleansten ganz nach vorn,
bindt eahm hint a Mascherl dran,
daß er d´Richtung anzoagn kann
schenkt eahm an Schein, so liacht daß geht
und sagt: Ab heut heißt du K o m e t
und zu dö anderen Gestirn:
Ös kinnts auf euern Platz marschiern!
Begleit´n nu a Stückerl z´Fuaß
und lernt eahm, wia ma leuchtn muaß.

Is net am großen Himmelszelt
genauso wia auf unsrer Welt?
Die l e t z t e n solln die ersten werdn,
wia z´Bethlehem da kloane Stern!

A Musi für´s Christkind

Daß s´Christkindl a Musi mag,
dös is überhaupt koa Frag.

Im Krippal siagt ma d´Engerl hocka,
auf´m Dach vom Stall frohlocka,
mit da Harfn musiziern,
posaunen, geigna, jubiliern.

Hiatabuam in eahna Art
habn a net mit da Musi g´spart,
habn ins hölza Pfeiffal griffn,
Takt schlagn, gschwegelt, pascht und pfiffn.

Kunnt aber s´Christkindl erst heut
die Liada, die zur Weihnachtszeit
im Radio gspielt und gsunga werdn -
bei uns auf da Erdn hörn -
da tats losn, ja ih moa,
dö ganz Nacht kunnts koa Aug zuatoa.

Da singt a spanischer Tenor
heidschi bum mit Kinderchor,
und wanns an Schlagersänger hört,
der wia a Honigkuchenpferd
vom Tannenbäumchen singt, dös statt
Nadeln grüne Blätter hat!

Oanmal im Jahr kimmt gar koa Sänger,
daran vorbei, ans Christkind z´denka,
wia´s mit an Schimmel und Gebimmel
im Schlitten fahrt zum Sternenhimmel.

A jeder moant, er machat´s recht
und ob´s Kindl mei Musi mecht
is ja a net ganz so g´wiß!
D´Hauptsach, wann´s nur ehrlich is,
von welcher Seitn, daß a kimmt:
Vom Herz muaß kemma, dann hat´s g´stimmt!

Da Himmelsmusikant

Über 20 Lampö hat da Lippal
zum hiatn und heut Nacht beim Krippal
war er ganz nahat hiebei -
da is er kniat am sauern Heu.

Dö Engerl kinnan musiziern!
Dös geht net eini in sei Hirn.
Auf eahne Blasn spieln´s Trioln
und d´Fingerl über d´Harfn rolln
oanmal ganz fei und wieda laut,
i a t z t hat er nu dö Ganslhaut!
Dabei sans alle nu so kloa!
Aber sö habn halt sinst nix z´toa
als z´blasn oder spieln auf Soatn.
E r muaß schaun, daß d´Lampö woadn,
was soll e r spieln, pfeifn kann er
mit z w o a Finger, an Grashalm spanna,
a wengerl auf an Hölzl pfuchzn,
oder sein Freund, an Stöffl juchzn,
und halt Takt schlagn, mit sein Stecka,
is a nix als grad Lampö schrecka!

Liabs Christkindl, so hat er bet´,
mei größter Wunsch, den was ih hätt -
da gab ih ois drum auf da Erdn -
um Musikant im Himmel z´werdn.

Er zählt nu seine Lampö ab
und findt a Engelshaar im Stroh.
Dös hat er übern Stecka g´spannt
und fahrt sacht drüber mit der Hand.
D e n Klang hat er beim Krippal g´hert!

In derer Nacht hat´s bitter g´frert.
Eahm is net kalt, wia sunst ollwei
und seine Lampö stehn herbei.
D a habn an Lippö d´Engerl g´holt,
daß er a Musikant werd´n sollt -
und eahm sein größten Wunsch erfüllt:
D o r t h i n , wo ollwei d´Musi spielt!

Das geistige Weihnachtsfest

So mancher Mann moant, d´Weiberleut´
hättn dö schönste Weihnachtszeit.

Auslagn und Prospekte anschau´
mit dö Kinder Schneemann bau´
Vogerl fuattan, Asterl stecka,
und a weng in Kekstoag schlecka.
Eah größte Sorg war die vor olln
was sie sich wieder wünschen solln!

Da Mann dagegn muaß Geld herschaffn,
kimmt hoam, wann sö scho alle schlafn
und g´freit sich net auf d´Feiertag -
weil er net toa kann, was er mag.

Net selten hat die Stille Nacht
an solchan aus´n Häusl bracht,
und zur Familienidylle
retten ihn nur die Promille.

A paar Flascherl Weihnachtsbock,
hint´nachö an hoaßn Grog,
an Schuß Kognak in Kaffee
und „leise rieselt schon da Schnee."
An Tee mit Rum und „heidschi bum" -
fallt er mitsamt´n Christbam um!

Sei seligs Weihnachtsfest verheißt
eahm s´Rauschengerl und da Flaschengeist,
s´Geld is gar und er is zwida -
und dös „Alle Jahre wieder!"

E r woaß, was g´moant is, wann er lest´:
Weihnachten is a geistig´s Fest!

Die elektrischen Weihnachten

Heut is s´Lebn so technisiert,
daß ois auf Knopfdruck funktioniert -
drum is nur mehr laut und hektisch
und auch die heilig Nacht elektrisch.

Da Papa braucht grad Nummern drucka,
da Bankomat kann s´Geld ausspucka,
er bringt an Plastikbaum nach Haus
den klappt er wia an Regnschirm aus,
druckt am Sprayknopf und verpufft
künstlichen Schnee und Tannenduft
und schliaßt die Kerzen an ön Stecker.

Da kann ma a scho s´ Essn schmecka,
denn d'Mama braucht in d´Mikrowelln
fürn Festtagsschmaus nur d´Zeit einstelln.

Nebenbei lauft am CD
lautstark „Oh du fröhliche"!

Auf da Videocasettn
rennt a Spielfilm stattn betn -
nur d´Kinder hern und segn net viel.
Denn sie habn a Computerspiel
kriagt vom Christkindl und müassn
am Bildschirm glei auf d´Feinde schiaßn!

Es tickt und rasselt, läut´und blinkt
und über Stereo erklingt
im Hintergrund dös alte Liad
wo´s hoaßt, daß bald scho dumpa wird.

Programmiert und ferngesteuert
wird so a Weihnachtsfest gefeiert.

An Kurzschluß in da Fantasie,
im Herz a laare Batterie,
wo der Ärmste erst versteht,
wann eahm amal da Strom ausgeht
und endlich dann zum Heiland findt -
wann einwendig a Liachtl brinnt!

Gedicht vom Liacht

Wann vor mir a Kerzn brennt
frag ih mi oft, warum Advent
und die ganze Weihnachtszeit
früher schena war wia heut.

Vor hundert, ja vor tausend Jahr
wo d´Welt nu still und finster war
kommt vom Himmel her a Liacht.
D´Leut san z´sammgrennt, habn sich g´fürcht,
aber sei heller, warmer Schein
dringt tiaf in ihre Herzen ein.

Heut hat die Nacht a andre Liachtn,
scharf und grell, wohl a zum Fürchtn,
denn künstlich is sei Helligkeit
und bringt in d´Herzen Dunkelheit.

Im Liachtameer versinkt Advent
in a Zeit, die uns verblendt,
weils koa S c h e i n is, nur a Flimmer.
Was mia brauchan, dös is da Schimmer
der net von draußen kimmt, der d r i n n
im Herz entspringt. Da muaß Beginn
vom Liacht sei, dös sich draußt verbreit.
D a n n wird´s wieda dö stille Zeit!

Oh Bethlehem wach auf

Oh Bethlehem,. wann wirst du munter?
Hast dih bis heut schlafend gstellt!
Vor deiner Tür klopfts nu wia damals.
Bethlehem, du bist die Welt.

Dö oan, san drin - die andern draußen.
San seßhaft oder werdn vertriebn.
Dö Gschicht is ollwei nu die gleiche,
Nur wird´s heut in Schlagzeiln gschriebn.

Da is a Nam, der wia sei Weltmacht
zerbröckelt und ins Nichts zerfallt,
dort is a Volk, dös d´Liab zur Hoamat
zigtausendfach mitn Lebn bezahlt.

Da san Rebelln und Unterdrückte
Rassenhaß und Hungersnot,
und s´Gricht fällt s´Urteil über Lügner
die einst die höchsten warn im Staat.

Da san die oan, die wia da Wirt
dö Schwachen vor da Tür vertriebn,
da san die andern, die neamd wahrnimmt
und drum eah Lebtag draußn bleibn.

Und wo stehn mia? Mir stengan drinnan
und hätten Ursach noch und noch
in derer Zeit neich zu beginnen
und net nur zschaun durch s´Schlüsselloch!

Fernsehen in Bethlehem

Ih hab ma neulich Gedanken gmacht,
wia´s gwen war, wann zur Hl. Nacht
damals, wia heut überall a
s´Fernsehn scho dabeigwen war.

Filmleut, Reporter, Journalisten
hätten ausgramt ganze Kistn
mit Kabel, Scheinwerfer und Boxn.
Ois war g´schminkt wordn bis zum Ochsn,
s´Blitzliacht hätt d´Engerl oi verscheut
und a da Stern hätt nimma g´leucht.

Bestimmt hätten´s da a dös „MUH"
von da Kuah als Interview
in d´Sondersendung einigschnittn
und ausg´strahlt über´n Satelittn.

D´Schaf warn fürs Waschpulver, dös neich
zur Werbung g´filmt wordn, „schäfchenweich"
und sicher hättn´s von der Nacht
glei a Langspielplattn gmacht.

Herrgott!
Das Lebn in unsrer Zeit
dös nach Sensationen schreit,
wo da Fortschritt schneller is wia d´Herzen -
laßt mih dös G´fühl net ganz verschmerzen,
daß bei dem heutigen Tamtam
da Messias vielleicht goar net kam.....

D i e Kehrseitn

Passiert´s ma, daß a Pessimist
meine guatn Seitn liest -
draht er´s glei um und schaut hintn.
Um die schlechten Seitn z´findn!

Doch da suacht er bei mir umsunst!
Ih halt mih an die Lebenskunst,
mih z´tröstn, auch wenn was net gradt´,
daß jedes Ding z w o a Seitn hat!

Inhaltsverzeichnis

Meine guatn Seitn	5
Weggedichtet	6
Gedanken zum Neuen Jahr	7
Ewige Fragen	8
Die Tür	9
Mei Bioträining	10
Tourismus - Fremdenverkehr	12
Osterbräuche	13
Urbi et orbi	14
Zum Kuckuck holn	16
Das Blumenzwiegespräch	18
Mai	20
Zurück zur Natur	21
Der Umweltpreis	22
Alles Gute kommt von oben	23
Die Duftwolke	24
Da Wilddiebstahl	26
Da Herbst	28
Tierisch	30
Gasthaus zum	32
D'Musi spielt im Wirtshaus druntn	34
Der dritte Mann	35
Heut sing ih dir a Liadl für	36
s'Musikantnlebn	37
Echte Fotografie	38
Ballett	40
Glänzende Aussichten	41
Die neue Sprach'	42
Da Spitzbua	44
Himmlische Lieferung	45
Kindergedanken zum Muttertag	46
Sichtbares Zeichen	47

Wo nimm ih glei a Dirndl her	48
Der fünfte Knopf	50
Witterungsbedingte Behinderungen	51
Liebe rustikal	52
Die Märchenhochzeit	54
Zum Festtag	56
Glück	58
Gedanken zur Erstkommunion	59
Gedanken zur „grenzenlosen" Freiheit	60
Das Lebensbacherl	62
Letzte Grüße	64
Zur Ökonomieratsfeier	65
Der Urlaub	66
Festland Österreich	68
Mei Heimatromantik	70
Mozartjahr	72
Guten Appetit	74
Die Kunst am Land	76
Wann's s'erste Mal schneibalt	78
Sehnsucht nach da Freud'	79
s'Himmelbett	80
Wia find ih an Weg zum Krippal	81
Da kloane Stern von Bethlehem	82
A Musi für's Christkind	84
Da Himmelsmusikant	86
Das geistige Weihnachtsfest	88
Die elektrischen Weihnachten	90
Gedicht vom Liacht	92
Oh Bethlehem wach auf	93
Fernsehen in Bethlehem	94
Die Kehrseitn	95

Weitere Bücher von Angelika Fürthauer
erschienen im Verlag Denkmayr, Linz

Jahresringe
Gedichte in OÖ. Mundart (Gebiet Attersee)
64 Seiten · € 11,50 · ISBN 3-901838-63-5

Im Seitenspiegel
Zeitgenössische Mundartgedichte
94 Seiten · € 11,50 · ISBN 3-901838-94-5

Auf den Versen von Stadt und Land
Gedichte für Lachdenker
96 Seiten · € 11,50 · ISBN 3-901123-79-2

Frohkost und Lachspeisen
Gedichte für's Hirn und Nachtkastl
96 Seiten · € 11,50 · ISBN 3-901838-25-2

Weitere Bücher von Angelika Fürthauer
erschienen im Verlag Denkmayr, Linz

Feiertag & FreUzeitwünsche
Für einwendige und auswärtige Anlässe
104 Seiten · € 13,00 · ISBN 3-901838-65-1

Sternzeichen für Lachdenker
Himmlisch & Bodenständig
112 Seiten · € 13,00 · ISBN 3-902257-05-9

Bandlkrama-Liadabüachl

64 Seiten · € 11,50 · ISBN 3-902257-34-2

Angelikatessen

96 Seiten · € 13,00 · ISBN 3-902257-69-5